A LÓGICA DO ERRO

Signos 32

Coleção Signos	Dirigida por Haroldo de Campos
Supervisão Editorial	J. Guinsburg
Assessoria Editorial	Plinio Martins Filho
Capa e Projeto Gráfico	Sérgio Luz de Souza Lima
Ilustrações de *A Lógica do Erro*	Ângelo Marzano
Ilustrações de *Décade 7/ Dez odes joco-sérias*	O poeta partindo ao 20 - Foto instantânea de rua - 1947 *La Gaudriole* - Página de rosto com gravura - Paris, século XIX O poeta chegando aos 70 - Foto de Paulo Ávila - 1997
Produção	Ricardo W. Neves, Sérgio Kon e Heda Maria Lopes

AFFONSO ÁVILA

A
LÓGICA
DO
ERRO

EDITORA PERSPECTIVA

Dados Internacionais de Catalogação na Publicação (CIP)
(Câmara Brasileira do Livro, SP, Brasil)

Ávila, Affonso
A lógica do erro / Affonso Ávila. -- São Paulo :
Perspectiva, 2002. -- (Signos; 32)

ISBN 85-273-0290-X

1. Poesia brasileira I. Título. II. Série.

02-2200   CDD-869.915

Índices para catálogo sistemático:
1. Poesia : Século 20 : Literatura brasileira
869.915
2. Século 20 : Poesia : Literatura brasileira
869.915

Direitos reservados à
EDITORA PERSPECTIVA S.A.
Av. Brigadeiro Luís Antônio, 3025
01401-000 – São Paulo – SP – Brasil
Telefax: (0--11) 3885-8388
www.editoraperspectiva.com.br
2002

Sumário

A Lógica do Erro
(1987-1991)

delivrance 11
faça-se 15
terra à vista 19
apostasia 23
horaciana 27
dia d 31
paráclito 35
infáustica 39
diarquia 43
acordo de cavalheiros 47
nemo 51
estrada de damasco 55
jakobsoniana 59
os ad os 63
expiatória 67
cátaro 71
trucagem 75
dedalus 79
marcado para morrer 83
demônios das três da tarde 87
fur 91
lacaniana 95
patética 99

agelasto 103
heurística 107
desobriga 111
oréstia 115
regresso de er 119
porta especiosa 123
belerofonte 127

Décade 7
Dez odes joco-sérias
(1998-2000)

Décade 7 en retour à l'étoile inconnue 135
Décade 7 en retour à la saison en enfer 141
Décade 7 en retour à judas l'obscur 147
Décade 7 en retour au barbier de séville 153
Décade 7 en retour au jour de gloire 159
Décade 7 en retour à la porte étroite 165
Décade 7 en retour à la gaudriole 171
Décade 7 en retour au beau geste 177
Décade 7 en retour aux précieuses ridicules 183
Décade 7 en retour à nantes 189

A LÓGICA DO ERRO

*... em vão busca assombrado
o tigre que não há*

CLÁUDIO MANOEL DA COSTA

delivrance

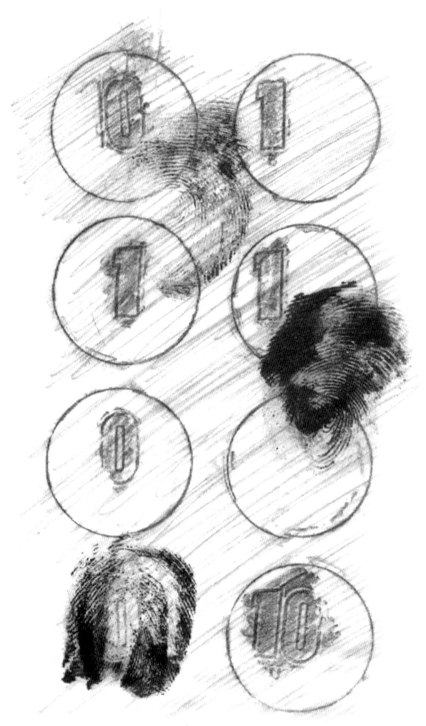

vinte e dois mil dias
vinte e duas mil tríades
de manhãs tardes e noites
vinte e duas mil noas
no vão no vazio no vácuo
vasculhando os veeiros do vau
labirinto em lóbulos do ermo

seu eco: a lógica do erro
errante errando nesse ventre
quando o ser re-parido esse ventrí-
loquo das seiscentas jardas
jonas dos sessenta janeiros
babando as vascas da babel
babilônio no vórtice da baleia

faça-se

dizer ainda ainda poe
dizer ainda ainda poe-
sia xô ao nunca mais do corvo
ao ouvido mouco ao estorvo
das quatro paredes ao fos-
so medievo da mudez ao os-
so constringente na garganta

urrando a inanição do canto
não modulado de aretusa
ao sopro vão da flauta oclusa
surdo tilintar de moeda
voz iníqua do anjo da queda
eia ao estrelário do reverso
verse no princípio era o verso

terra à vista

terráqueo
anteu ante
ateu ata os pés
à terra que
ante eu se
não anteu an-
tigo eu ante-

rior ao eu
interior an-
teu ancorou
antena a nau
terra que o
há de comer
como a anteu

apostasia

labão de servi-
do à serventia
sei-me servindo
servo servil
labéu em servi-
dões serviços
soem-me sevícias

à serviçal cerviz
lábil servi-
lismo serventuá-
rio da servitude
labial servi-
dor de cínicos o
não-servo do senhor

horaciana

toda taça o alimento de poesia
beleza bílis bálsamo ambrosia
ou: cadeia nos pés o árcade na ilha
das cobras ao mar cobrando marília
ou: luís urdindo a olho único a luz
lusíada ou: león na oblação à cruz
da inquisição de el cantar de cantares

ou: ezra gorjeando na gaiola de ar-
ame e aço-canto pássaro pisano
ou: aranhas arranhadoras do arcano
jovens jobs recém-nados rimbauds
rimando balbúcie em estado de graça
ou: velhos vendilhões de verso vil ou:
esse som salobro em solo de sarça

dia d

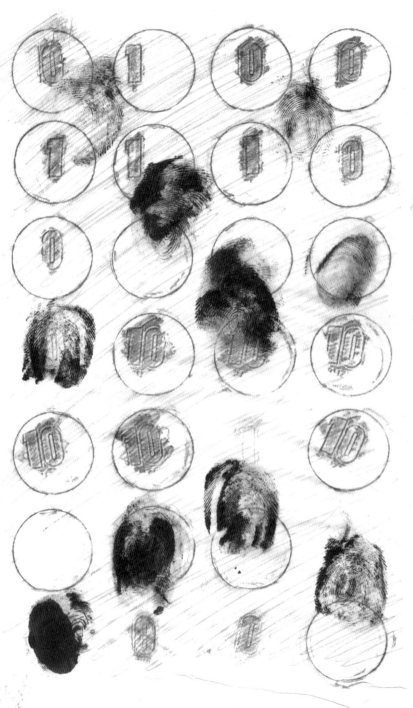

dedo por dedo
devo o dia-a-di-
a da traição di-
ta por trinta di-
nheiros à di-
reita dos di-
nastas dos di-

sfarces dos di-
vãs por trinta di-
nares trinta di-
tames trinta di-
vícias trinta d-
jins maravedi-
s yo me lo dí

paráclito

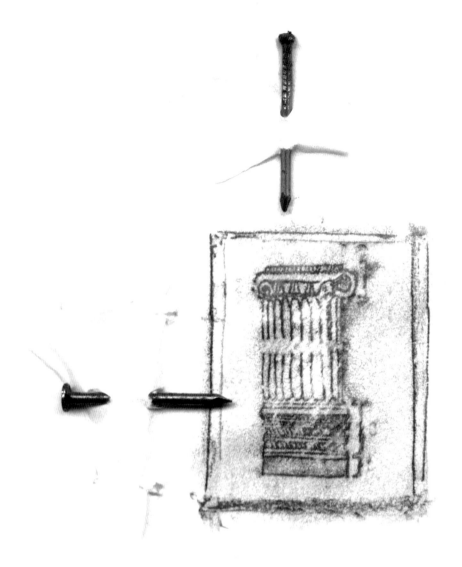

nada a fazer
o tempo proa
abre o véu voa
símile ser
ao nada ter
termo que soa
e o som escoa

água a correr
da boca em sede
redil ou rede
desse animal
frustro de selva
sentido e relva
primordial

infáustica

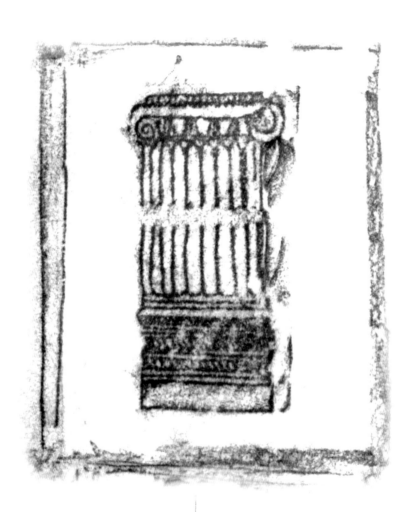

ao visto
em credo
hei crido-
me cristo
ao nisto
em tredo
hei tido

mefisto
ouvido ou
em vídeo
em hausto
hei sorvo
hei surto
meu fausto

diarquia

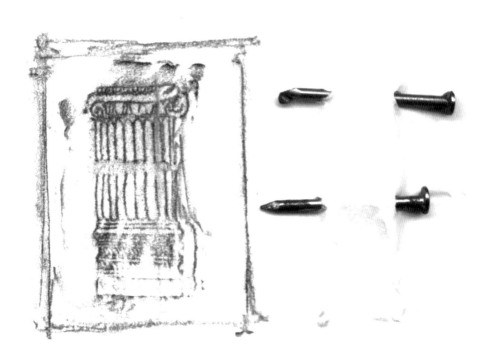

divino de que deus
o que supre o que nutre
ou o que suprime deus
do nada deus abutre
o que curte o que fez
e à hora lâmpada surte
ou o que o feito desfez

para que o furte e encurte
território suspenso
entre o incenso e o infenso
demarcação do ambí-
guo dúplice aparelho
do olho de janus bi-
frons olhando ao espelho

acordo de cavalheiros

meu o que é meu
teu o que é teu
nosso o que é nosso
vosso o que é vosso
à parte o bolo tem as partes
a távola é redonda arte
não falte ao repartidor

artes ao compartilhador
aquele que a bolsa aprego-
a ao bolso aprego-
e-se o que sobre sobre
ao sinédrio não soçobre
ao solo a sobra de césar
a ceia aos que são da ceia

nemo

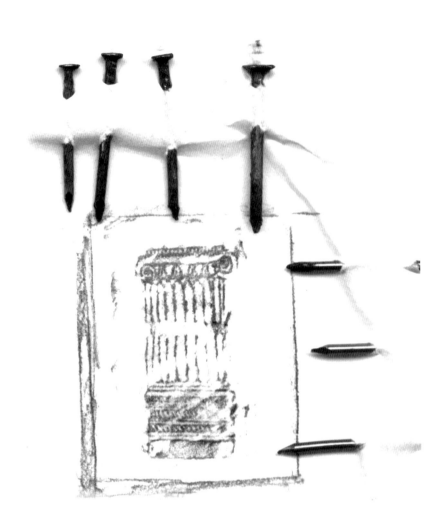

máscara fátua
pedra de escândalo
ou risco vândalo
no pé da estátua
de honor e prata
odor de sândalo
pás de escafandro

no mar pirata
ou baldo bardo
dom goliardo
no seu vaivém
de além allegro
buraco negro
who's who ninguém

estrada de damasco

reconhecer o asco
no agridoce de damasco
renunciar ao deguste do fruto
no mesmo instante devoluto
do morder a língua na casca
hostil invólucro ou másca-
ra de içada vela da arca astuta

de noé na fuga absoluta
livrar o dente pre-
so ao felpo do pre-
sente ao código do sinal
da cruz ou cruzamento dos sinais
nesta avenida larga
de sinai ou de pasárgada

jakobsoniana

a fala que arrepia
irreverente ou pia
o som que contagia
o som da salmodia
e que faz quente a fria
entonação do dia
noite aurora entredia

no código porfia
da letra fugidia
que na página esquia
a coreografia
de seu êxtase e fia
ariadne a guia-
trâmite travessia

os ad os

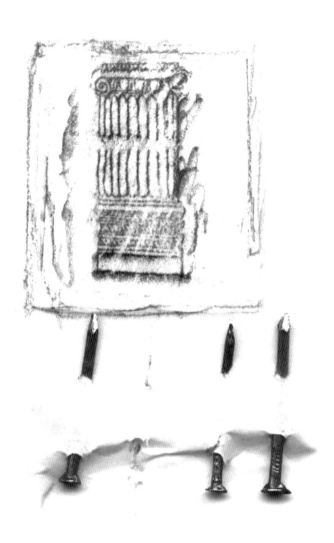

boca a boca a infi-
delidade bos-
que a bosque a perfí-
dia o fio da embos-
cada a caça ao fi-
lho do homem o bos-
quejo a giz de fí-

dias traço da bos-
sa perversa do ar-
tista autor do ar ra-
refeito antica-
pa-zero do perju-
ro beijo de ju
das pai da semântica

expiatória

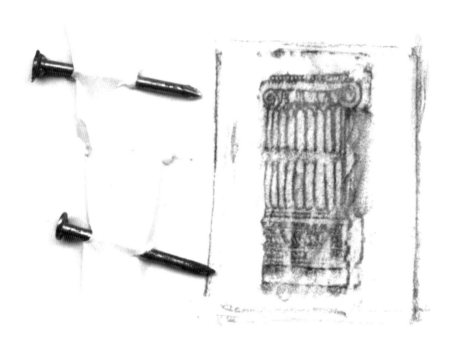

neste fim de século
fim de linha o eco
onde o imo sentido
não apreendido
ressoa vulcano
em sua forja de anos
gargalheiras ca-

bos de aço forca-
dos algemas ru-
gir da roda cetro
em ferrugem ru-
ir de reino espectro
de hamlet fu-
ga em ré vade retro

cátaro

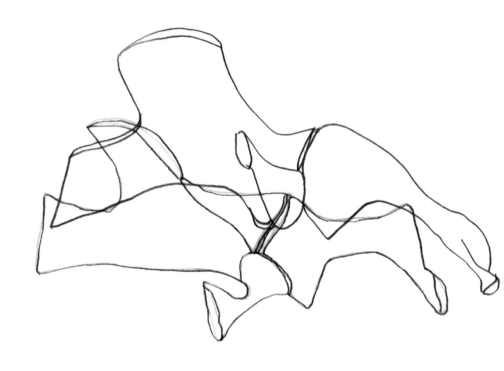

prêmio de adão e eva
o pênis exposto
sacro sobreleva
a alma sobre a poster-
gada aura primeva
do primeiro gosto
de adão cobrindo eva

prima foto ou poster
do póstero ante-
cedido na ante-
câmara prelúdio
em ai da espécie es-
perma ou voz viés
do ser interlúdio

trucagem

viajante só em vez da viagem
o passo só em vez da passagem
a droga só em vez da drogagem
a mira só em vez da miragem
o tato só em vez da tatuagem
a trama só em vez da tramagem
o molde só em vez da moldagem

o imo só em vez da imagem
a árvore só em vez da arvoragem
o porto só em vez da aportagem
a âncora só em vez da ancoragem
o coro só em vez da coragem
a boca só em vez da abocagem
a via só em vez da viagem

dedalus

está inscrito na testa de uli-
sses: o percurso de três li-
ndes de rua três li-
mites de bairros três li-
nhas de tráfego transverso três li-
stras de ilhas ilíadas três li-
vros perversos por si mesmos li-

nha por linha escritos e li-
dos o circunscrito do olho ao umbigo
transcurso dos pés ao postigo
rastro de repressivo cinto
que o sabão de bloom não apaga
sabido ressaibo de sereia ou não afago
de penélope neste périplo ou labirinto

marcado para morrer

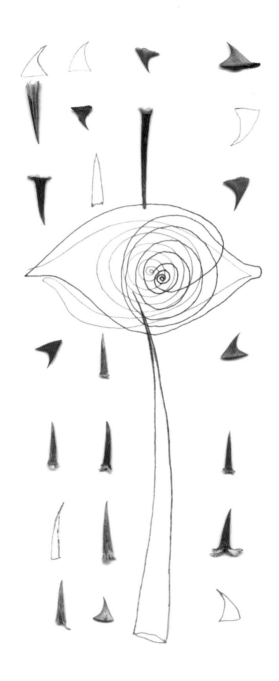

não há fuga para polifemo
não o salva vão o verso de góngora
marcou-o a ferro o ferrete extremo
da beleza a bélica amazona
feriu-o nas têmporas e o tempo
estendeu sua tenda sobre a hora
da verdade velho testamento

de lides ou deslizes desforras
tribais tintas do sangue da espé-
cie exângue galas de galaté-
ia frecha envenenada fenda
de apunhalada poesia ultraje
filme de não medida metragem
projetor desligado the end

demônios das três da tarde

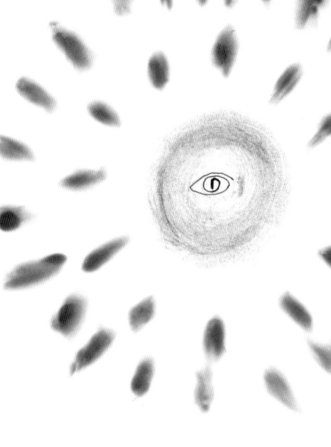

do inferno em seu terceiro cír-
culo os demônios das três da tarde
baixam e a estufa do cir-
co de concreto e fibra arde
ao inútil acionar do cir-
culador de ar no máximo do alarde
do acelerar os pinos do cir-

cuito de ar condicionado ao ar de
um cigarro não convencional de chofre
ardendo em combustão de enxofre
feito de asco sufoco e tédio
na paralisia às três em pino do reló-
gio fora foge foge fo-
ge os demônios dominam o prédio

fur

está lançada alea
lança aleatória
ao léu na cala-
da mesa da história
pano verde malha
de fichas vitória
em roleta falha

via venatória
de caça sem al-
vo escasso percal-
ço de cão sem faro
no encalço anti-morte
medalha post-mortem
no autódromo avaro

lacaniana

intransitiva escrita
de sintaxe interdita
fita cassete de en-
gasgos letra do sem
do aquém o traço anárquico
da traça em fólio arcaico
lapsus linguae viscosa

veia do veneno glosa
do por dentro desenho
do desejo sobrecenho
cobrindo o não escâmula
clave clamor de job
morta formigas deco-
dificam a tarântula

patética

a um sobrepasso a espada
pensa área demarcada
círculo de giz reixa
de alçapão em espreita
deixa do último ato
de antígona aparato
estrídulo de açoite

no entremuro da noite
prato de cadafalso
farto de sabor falso
o distendido músculo
do agon fel da agonia
de cristo felonia
sursum corda crepúsculo

agelasto

nenhuma paixão diverte
a esfinge dentes cerrados
prensando o espesso do enfado
magma em mandíbula inerte
premunida a pedra adverte
não não decifre o cifrado
nem desselle o aqui selado

a lacre imune e solerte
repugnância ou ascese
simulacro sobrepese
pressago propiciatório
o a si basto o que não ri
rosto revertido ao sí-
tio dantesco purgatório

heurística

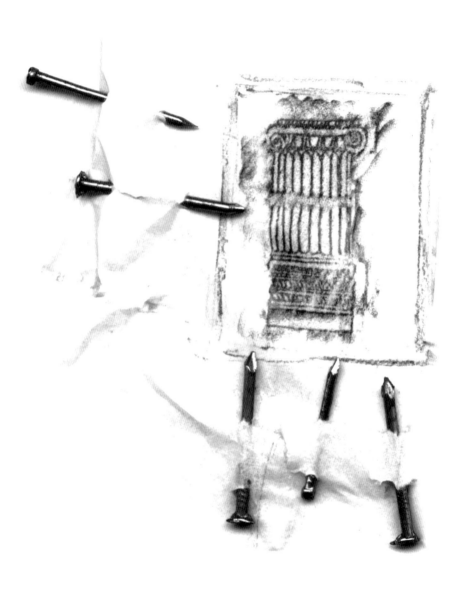

ora orar claro
ora orar escuro
escrever mole
escrever duro
ora o ver avaro
fechado o olho a muro
ora o ver a fole

aberto o olho a furo
e do agora fazer o on-
tem e do ontem fazer as on-
das do mar melhor os ci-
mos da montanha o vale
de lágrimas o encalhe
em terra da astronave si

desobriga

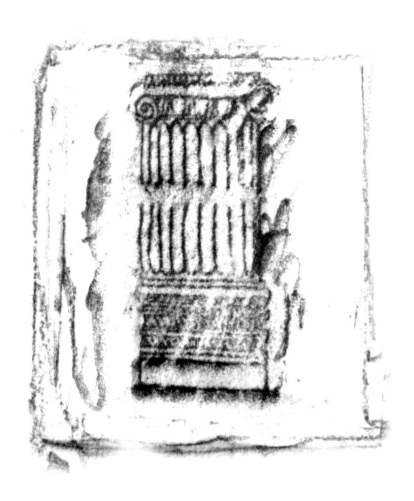

persigne-se
seja e siga
pós prossiga
clown e viga
grão e espiga
não maldiga
nem desdiga

faça figa
ferro liga
ligue e ligue-
se fadigue-
se na briga
desobrigue-
se alma amiga

oréstia

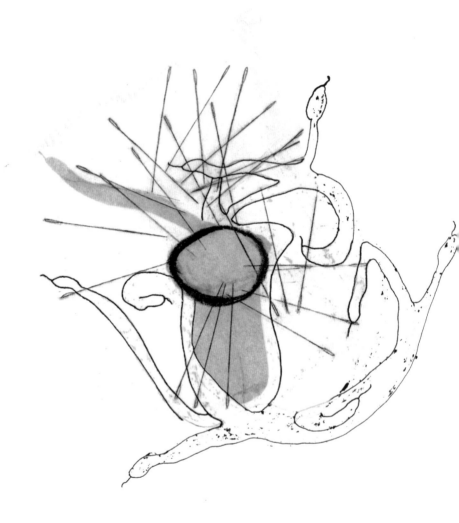

lento desmoronar
repto rosa erodível
de malherbe roca e mar
em fúria erínia audível
aliteração de ar-
ames ácido invisível
corroendo o avatar

r r o som plausível
do arrastar da corrente
de serpes serpenti-
no abraço sempre mais
rente ao pescoço posta
de carne fratura exposta
por detrás atro o atrás

regresso de er

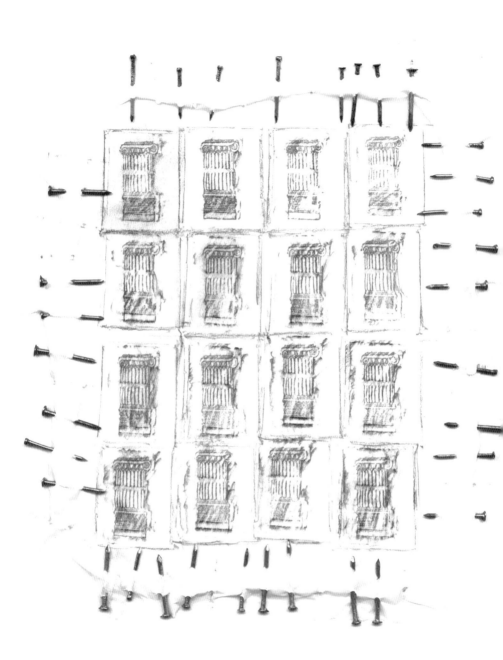

sórdido odor de ódio
campo de ignomínia
escudo roto exórdio
de infernos insígnia
de abantesmas podium
de ânsias podres sina
de aquileus pó lodo

de helena desdigna
delenda delenda
a tróia de lenda
e herói exsurja a alçar
último er o lábaro-
pedra tumular
ressurrecto lázaro

porta especiosa

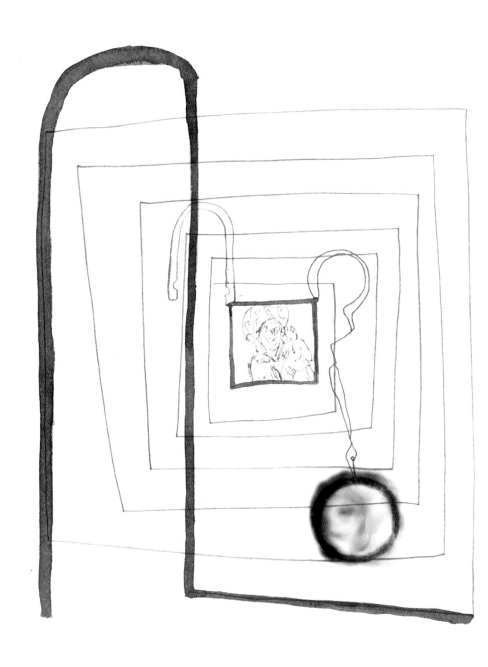

fendido o cadeado do templo
referir a têmpera do tempo
até o aleitamento materno
o vacilante vagido para o eterno
e excogitar no útero o outro
o que vela e não se revela estoutro
mito ou mística contudo óbvi-

o infenso à inferência do lobby
de palavras astutas artísticas açú-
cares mel melodia mosto da u-
va vivípara ao paladar vivimorta
ao júbilo de jerusalém ao pão ázi-
mo do sempre nunca do enquanto quase
entrar e desentranhar por essa porta

belerofonte

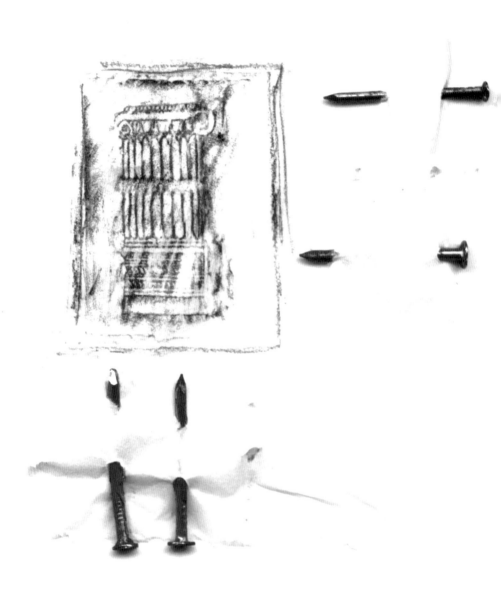

poesia aonde foste
amansar o teu cavalo
pégaso em pelo valo a
valo na pastagem host-
il vôo a vôo respost-
a de esdrúxulo vocábulo
escandido em sangue e ergástulo

no mênstruo de medusa ou hóst-
ia do secreto acaso
mallarmaico arco do ocaso
distendido em flecha ou dado
casco abrindo o não de cal
na pedra do sim final
revel fonte irrevelado

DÉCADE 7
dez odes joco-sérias

*... quem passar o Cabo de Não,
ou tornará ou não*

João de barros
Décadas

DÉCADE 7 EN RETOUR À L'ÉTOILE INCONNUE

A estrela d'alva no céu desponta
Da marchinha carnavalesca

ninguém traz ao intento que trace estrela na testa
logotipo de logos lógica ou logística ao tiro ímpeto no al
ao léu cinderel a sapatilha o dom cupom de honra de dono da festa
alea jacta não se jacte na tarjeta etiqueta de isenção aduanal
omisso o isso obscuro o urro inintelecto o eco do bem e do mal
identifique-se à porta portador comportado salvo-conduto de malatesta
ao céu ou ao inferno jovem giovanni em jargão de dante ou de um mau jogral
a bíblica bílis do ranger de dentes abrande-se áulica no buquê de giesta

tensão ou tesão broxem-se no borralho da
                  pandora lânguida ou lesta
patronesse do orgasmo ou do carma casto ao
                  lance do arcanjo vestal
site estelar no sítio da internet acaso e arbítrio
                  em salada indigesta
servida em kits mcdonald's ovos estrelados em
                  mancha láctea orbital
esteira de asteróides sem luz própria mimese
                  estética de proust provincial
no caminho de guermantes memoriando imos e
                  mimos em guerrilha imodesta
mediania aurea mediocritas soletrando o latim da
                  latrina comunal
o que luzir estelário o que iludir de si entre os
                  liames de limo da desfloresta

pássaro passivo pardal sem cordas vocais a ar de
vácuo árvore que cresta
a um ardor de cerrado calcinador de brio e
brilho seca brilhantina de sisal
no cabelo encrespado de insânia e enfado da
cabeça molesta
latido rouco do cão sem plumas do pastor de
cactos e pedras joão cabral
escavando com unhas de arame o solo mouco
entanto vento som de velório e canavial
propedêutica da penúria maiêutica da miséria
docência da dieta manipresta
e nenhuma cauda de cometa na lapa severina da
belém chavascal
e letreiro luminoso algum laser perfulgente
algum na joanina primaz sobretesta

não aura auroral poupa sequer o exceto o além o
supra o vindo na proa da aresta
astro rastro d'alva não desponta não aponta xis à
fronte arrisca acidental
in fine o veni vidi vici ora direis bilacão é réstia de
estrela imanifesta
oclusa ao poente como oclusa ocultou-se ao
nascente arisca aluvial

DÉCADE 7 EN RETOUR À LA SAISON EN ENFER

Y aunque no hubiera infierno
Teresa de Ávila

não percebe perceval o que caminha para a
frente que a mão negra da capela de
brangemore é um blefe encantado do branco
sim é preciso decepá-la para galgar o graal mas o
mal bom cavaleiro cavalga o cavalo ajaezado de
baço
há um corredor a percorrer-se guiado pela dama
de avental túnel aberto no opaco
quatro paredes confinantes da consciência de
sartre há que sangrar-se ao líquido lácteo
do abstruso absurdo de camus amparado à pedra
pérfida de sísifo persistente subida e queda do
nada ao nada no vão sem saída do lácteo
licor de insídia e veneno a injetar-se iníquo
intravenoso na única veia visível pela viseira
perícia científica do branco
o alvar terrorista de luvas alvas assiste douto
doutor guillotin à rendição do rosto a rolar
rugoso e baço
introjetado o subreptício sutil da insulina insula-
se bovino submisso de si ópio sem opção na
opacidade do opaco

a outro teste terapeuta esse peste rorschach
revelou que o dentuço é debilóide neurônios
neutros de neuropata bestunto de cinza opaco
agarrem-no aguerridos que o pernalta pode ser
perigoso com ele logo à cama asséptica do
branco
amarrem-no às correias de couro convêm placas
não de chumbo mas de aço baço
às têmporas destemperadas não não há risco
sing-sing de eletrocussão lacrem os olhos que
veja só a desolho do lácteo
sustem suspendam rompe repentino na sala sem o
níveo do linho o psicofreud eu o diviso verde há
esperança e não lupo lácteo
cessem a sessão de tortura o diagnóstico é alvará
de soltura cancela camoniano a cena só tu puro
amor o pobre é poeta não louco reparação à
pena o prêmio de uma resma de papelório
branco
e o alcemos a alçar a ventura do vôo verne ao
inverso vinte mil léguas sobremarinas solevado
ao atlântico o sol sobre o mar baço
beijos e abraços a dois mil pés de altura era no
tempo nas asas fernandos da panair sem pane
sem pânico sem a aporia do opaco

lasciate ogni speranza na cavilosa caliça do mural
       do hospital lê-se letreiro terminal opaco
o paciente está pronto apronte-o alvíssima
       mulher move metais no estojo baço
geral ou peridural pergunta protocolar o segun-
       do alvíssimo homem interpela o terceiro há
       hipótese de anafilático não creio só se for
asmático não é o caso a ficha está em branco
e a criação como anda muito gado novo algumas
       reses uma matriz importada de bom
       perfil lácteo
pois o meu negócio é o de corte gado gir comprei
       mais dois reprodutores no triângulo nada
       com a trabalheira do lácteo
a mosca chefe há um zumbido de mosca no ar
       espante-a uai vai contaminar pousou no pano
       branco
então seu ramo é mesmo o corte corta aqui e o
       corte lá rá rá rá matei mas caiu no tubo de soro
       onde não sei o selo da seringa é baço
ora traga logo o bisturi pronto incisão feita a
       mosca porra se fôssemos ligar para infecção
       hospitalar morreríamos ele de morte e nós de
       fome é foda galhofa o trio em riso opaco

boceja impávido imperial o esculápio cirurgia
talvez o trans-retal não deu legal espere-se a
biópsia biópsia sim autópsia em vida
semanticamente pode ser é propor-se
à prova do acaso do opaco
acuda prima santa aplaque o descudeirador de
cus culhões exorcize-o como aos percevejos das
frenéticas freirinhas no enfeitiçado sarjão do
saial baço
acolha ao colo de suas moradas o desbandeirado
roubado robô delirante sonso sonâmbulo o só
ao decretado delírio evanescente malevitch do
branco sobre branco
in fine teresa não há lavas chamas flâmeas
caldeiras de fogo eterno enxofre o inferno
é gelo de palor em tela de painel
opaco baço inodoro branco lácteo

DÉCADE 7 EN RETOUR À JUDAS L'OBSCUR

Esses moços, pobres moços
De um samba de Lupicínio Rodrigues

ai vida tida airada e desairada de comer sempre
pela beirada
do prato curto colchonete estendido para o sono
de sonho em canto de sala
o sem-lugar para o grampeado gaguejar do
encanto em torno do nada
que é tudo pessoa despossuído mito mitófago
sem cadência de escala
escantear o lido o aprendido sobretudo o escan-
dido num fundo de mala
de escárnio e bazófia ator bufão de entreato e
pateada
no palco de si mesmo arremedo de hamlet a
quem não deram a dica da fala
o ah em aberto de aa em rima pobre de um ás de
obra-prima imaginada

ladino franzino menino do tino e do desatino a varrer a calçada
de que vale o proêmio precoce da bossa sem bússola ó pai só a aula da tala
da vassoura de piaçaba para o patrão não sujar o sapato na pisada
senhoril incivil imbecil silabado o não em cima do til na boca que cala
o pio pivete do pardal e o solo solene do stabat mater do spalla
pronto e agora esconda-se na pilastra que o pilha o bonde de colégio da namorada
platônica e o flagra fajuto sem olhar plácido no ramerrão do rala
desce rápido o pano e a cena o descena a máscara envergonhada

esbulho sobejo apara nesga de pão dormido que
à própria fome enfada
é hora de crescer contra crescer afronta crescer
pilantra crescer na cabala
elitizar o tesão é triste o pau em riste sob chuva e
calça molhada
na cópula furtiva a céu aberto atrás do poste a
fêmea sem cara que se arregala
sem pejo ou abraço transa de instinto indistinto
entre jumento e cavala
este terno sim encobre amigo alfaiate o sem
cobre e prosápia casimira inglesa bem talhada
vá em frente rapaz artes rapaces pegue o biscoito
fino e trace ponha o lenço de seda na pala
caneta parker 51 à vista folheado relógio tissot
no pulso disfarce a farsa é o vir-a-ser da virada

rir do laurel de papel pese se conta mais a cabeça
de miolo sutil ou a sorbonnizada
eia veja rabelais de mofa a moça de pernas e riso
às claras saia da contramão tome-a de outros à
bala
entre com ela em duo no duomo dome-a em
dons astúcia a sexy ou fada
in fine desenrolados os papiros de arcano e
vingados soberanos os escritos de arca
consonados em ada e ala

DÉCADE 7 EN RETOUR AU BARBIER DE SÉVILLE

Rosa rosae ...
Do primeiro exercício de latim

rústico rosto enrustido arme-se ao arnês e escudo
da rosa
nenhum creme avatar de avon incisão de
pitangui é magia
espelho espelho de quem o for o filme é de lugosi
tela impiedosa
bogart brinda a baforadas galãs o garbo de
ingrid fantasia
soturna polução noturna amarga beberagem de
arnica banho de água fria
entanto o arúspice arreganha entranhas e fálico
augura em glosa
de covers e clones esquálida figura finge exorciza
ri o dia
adolesce adolescente mancebe mocho trocho que
a glande por grande é glamourosa

avantesma ao esmo de si mesmo aventa tramas e
rebuços a íntima tosa
barbeia o mofino fio do buço fígaro de rossini em
calça curta há uma guia
de guizos no arame entretrançado da gaiola
humor sufocado sem cariz de prosa
e gorjeia ao revés cristal inaudível ao fuso de
desusado ouvido canário ou cotovia
nem clamar no deserto apenas aprender a
percutir o percurso ruído de rodovia
no circuito não percorrido do sentido impressen-
tido caverna porosa
de líquens estalactites maquiné impenetrada
onde até lund se perderia
júbilo juvenil ante o fóssil sexo terciário filamentos
de fêmea silicosa

segunda pergunta ao espelho de quem o for por
que a tenra pele enrugosa
por que o dente em serrilha cavilha sibilando a
cavatina melodia
por que o cotovelo em novelos a narina funilar
anelando jocosa
por que o peso-pena da carranca e carcaça
vulnerável à ventania
responde lobo bobo lobisomem sem garras ao
cordeiro da ironia
é para primogênito do primata prear pelo
insólito a debutante melindrosa
adesivo ao arrepio do pelo mordiscar o sensível
bico do seio ciciar o ai ai da porfia
osso no osso cheirar o cru odor do cio coleio de
cascavel na primícia pudorosa

in fine esbelto adulto belo quasímodo desinibido
em casanova gozosa
mística de fernão na miragem da esmeralda
translúcida verde que se delicia
viril varão entre os varais da cama mastim na
colina de vênus frutuosa
tantas pernas em passarela e só estas vinícius
eternas rosácea revérbera em ambrosia

DÉCADE 7 EN RETOUR AU JOUR DE GLOIRE

Seu dia de glória já passou
Advertência da gerontóloga

rosto composto mosto decomposto em cara-
    quadro vegetal de arcimboldo
retro old man maquiado de fímbrias desfibradas
do diabo guisado requentado em rescaldo ou
    rescoldo
(sabe-se aqui o que de culinária quando muito de
    azia e suas carquejadas)
de rabanete nabo quiabo em babas mal
    temperadas
mas vá lá vadio pé-de-valsa goliardo goliold(o)
young old man without gold or god oficial de
    ofício das madrugadas
o dia foi duro irmão durão às favas a fatiota de
    dom bertoldo

ou quem dera a era sem espera primavera do rei
leopoldo
leopardo sem estrias de patrões patranhas cadeiras acorrentadas
ao dígito das horas-bunda bufadas sob o toldo do sistema a que fugir se não com senões noitadas
a guinar o quid o QI a quina das guinadas com subterfúgios nugas estratagema de guinold(o)
saideira sarcástica da caça ao nunca das caçadas
o pressuposto solto entanto preso ao desenxa-
bido chá de boldo

bela ela bela a fera que não se pega as pegadas
da glória gloriold(o)
tolo toleirão atolado em tolices e torquemadas
atrelado ao atol da quimera viseira vã do (sic)
visigoldo
hispânico histrião de versos vis versões de gene
herdadas
sair do atônito do anônimo da pátina pichada nas
privadas
entre uma bronha e outra um sonho e outro o
retoricold(o)
atacar de frente e fronte as danações do demônio
de sócrates bloqueadas
subverter o sim sem beber a cicuta engasgada
gula sonial de poetold(o)

in fine fique neste poente poeta a pergunta não percuta em que rol do galardão in glória dei ficam as rotas rotuladas de amor rito finito de gritos e sussurros oh old oh young oh forever homem adâmico preador de nadas

DÉCADE 7 EN RETOUR À LA PORTE ÉTROITE

Bata primeiro à porta
Aviso corriqueiro

ali se ouvem passim havidos choro e ranger de dentes
diga-se rangido choro reprimido de portas
não transpostas soleira só aos mornos nem frios nem quentes
quebra-molas motejando mascaradas de mouras-tortas
escada sem degraus frágil frade fraudulento ah! a que paredes aportas
o absurdo de camus em negaceios ascendentes e descendentes
marketing de ilhas iludidas de odisseus ah! a que fúrias e fugas exortas
declives declínios em crivo degustante de champanhe e favos deiscentes

a cada corte o cânhamo de cabelos engastados
nos pentes
transplante capilar para perfídias ou perucas de
plástico sobreportas
de templo carmelita fulminado por jupíteres
displicentes
sem nênias setenárias de alphonsus loas de
alfonso x el sábio mortas
invocações quem as cantou ou cantasse velada
voz vendida ah! com que importas
neste balcão sem romeu nem julieta venal verona
de juros pendentes
onde il bacio onde il petto havidas as juras ah!
moeda de cinza a que transportas
os corações confundidos as cãs de canaã terra
prometida às diásporas pungentes

estrita frincha estreitados umbrais batentes
constritos entrada oblíqua como a chuva de
pessoa em retortas
de vã retórica anel de falso topázio de tolos
pretendentes
de penélope aro cravejado de cacos em dedos de
mãos tortas
do polegar ao mínimo dedeira de dédalo ah! a
que reportas
se não há alfa ou ômega bêbados banais
impertinentes
o alvo não se abre aos que chegam pulsando nas
aortas
qualquer sangue é exangue ao que não se nutra
do neutro insosso dos impenitentes

e ali está ele um nu no cínico reposteiro das
propostas indecentes
o sacripanta o santo o réptil o rato partejado às
comportas
da montanha saqueado e saqueando os arque-
jados nacos de queijo entredentes
pífio pingente surfando o superficial ó peripécia
in fine a quem confortas

DÉCADE 7 EN RETOUR À LA GAUDRIOLE

LA CAUDRIOLE

Chansonnier

Joyeux, Facétieux et Grivois.

*Hé zon, zon, zon,
Prends-le moi Suzon,
Il faut que ça finisse.*

PARIS,

Chez les Marchands de Nouveautés.

Monsieur Ratant est dans la plaine
De uma canção jocosa de Ravrio

algoz algo quer que o perdedor perdeu alguém o
sacou sagaz em algum lugar
o inquisidor censor repressor impostor decretou é
perda ou é ganho irrecorrível
o ele-aquele crédulo joga o dado perde e por
fado ou desenfado volta a jogar
o traficante da tramóia trama de soslaio guloso
outro golpe golpeia sacaneia infalível
formigão fila em fileiras finais fatais o sugado
suco engenho da boa sorte adustível
bebível comestível onde a litúrgica taumatúrgica
nossa senhora da comendaroba a quase mar
obliterou-se aos óbulos roaz ruína de romaria a
madona patrona em seu trono inamovível
fenece à fé à boa-fé coroada de cocô de morcegos
hematófagos morte apóstata ao que
manquejou no apostar

crupiê sem escrúpulo piscou ao pilantra do caixa
retardou ao revés a roda até a roleta parar
em branco bronqueou taco rápido taxiou as
fichas para a mesa na mesura de gesto
perceptível
habilitem-se há lisura senhores à renovada
rodada à deriva do azar
dinheiro para que dinheiro aceitam-se cheques
pré-datados cartões codificados moeda factível
se querem tentar outro tento tentem a banca do
bacará não há carta conluível
o craque carteador do cassino dissimula e o ás do
naipe a prêmio escapa do punho a um
pulo de ar
foderam-se até às pregas os bregas no azarão de
las vegas cartearam o possível e o impossível
seus quinhões de aviões de medellín conspícuos
corruptos laranjas de banqueiros trambiqueiros
de miami e ultramar

atenção distintas senhoras respeitável clube das
velhinhas americanas new york a chamar
wall street à alerta mister soros pensou alto há
sinal de índice dow jones já audível
abram ágeis as algibeiras à vista do previsto
invistam cento por um o lucro a calcular
ratazanas puritanas matronas putanas raposas
vejam a uva madura na vide apetecível
chuvas de dólares caíram no embornal das
bahamas país patranho pediu arrego a juro
incrível
desemprego queda do papel moeda catimbou-se
o café soverteu-se a soja os fundos vão estourar
o yen não resiste o franco fraqueou o marco
amarga a marca de cal do pênalti imprevisível
conflagrou-se acolá sem controle o conflito a
indústria de armas reanimou-se ao orgasmo
morganas é aplicar e aplicar

olhe olhe-se in fine sousândrade de plantão neste
mundo cão quem a primeira pedra a atirar
penitencie-se mea culpa confiteor el buscón gil
blas pícaro em picadas de máscara marxível
quem de aqui ou de além aquém do bem não
arriscou seu tostão pelo marketing
do bem-estar
no perde-ganha da bola de gude o ouro da
aliança o leite da criança a esperança ah a
esperança extrema fiança a se fiar ao nível do
crível

DÉCADE 7 EN RETOUR AU BEAU GESTE

Corações ao alto
Da liturgia

bendito seja vosso nome sobrenome cognome
não-nome per omnia amen
a guerra acabou a guerra acabou e o russo
branco em brando psiu de pito
arre arrefeça o dundum da redundância é chato
não encha o saco meu bem
aprenda a senda da prudência o sério é sério o
grau do grave você é será hei dito
se ralho pirralho é porque por ver-se virá a vez de
versar o previsto predito
o vezo da verve vã é veio de desvio não vá por aí
monte mens sana o seu palafrém
ajeitou a seda da gravata elevou-se em garbo
eslavo saiu da sala soberano expedito
voltou-se porém sorriso sem ricto ivanenko o das
sete línguas na única que à toleima do tolo
convém

era dia paulinho de carnaval carregava uma
tristeza um bolso vazio um desemprego
ninguém
a um balcão baldio de boate nem copo nem cheio
nem vazio a uma banda da banda contrito
rosto de rei deposto ah mocidade a quanto
enganas de idade ganas galas perdidas desdém
de pares tranças ares e panças de poder na pista
de dança e a garganta seca e o sem fitar aflito
dele devaneia só o eterno terno bem passado é
certo mas o último do guarda-roupa finito
magro sim amargo sim mas nem feio de catadura
o cara dura passável até quando alguém
lá de longe se apercebeu se apiedou quem sabe
simpatizou o sapato enfim era bem engraxado
e mesmo bonito
venha cá sente à mesa conosco beba blandiciou
bendizente a balzaque a cerveja está gelada
não pense em pedágio pegue diverta-se alegria
é fantasia também

bem bem passe aqui às seis saio da biblioteca
vamos ao scotch bar que o mam do chatô
mantém
pai recém-órfão de orfeu malogrado o franco-
paulistano pausadas palavras sabido vivido
saber erudito
navegou atravessou atlântico musas museus
músicas oh valsa latejante saibo de dor paternal
sobrevém
adota na garoa insistente o guloso de glória
garotão agoniada memória do que foi brinda
brilho nas íris o iniciatório uísque do aprendiz
do rito
e olhe de trás para a frente que atrás veio gente
o fluxo do influente que antecede o escrito
a retórica da política é chã de chavões atente a
formular aviar as fórmulas da forma que
convém
desçamos das alturas de dantecamõesgoetherilke
e aterrissemos na planura rasa e rude em que
habita o benedito
o ofício artifício de fazer burro pensar eu ensino
assim assim o emprego está garantido a família
fornida decorado o disco do discurso nota cem

na estrada da vida calhas encalhes atalhos astutos
putos e argutos impolutos caleidoscópio de
armazém
bijouterias e pedras quilates ruas de barra funda
ou calafate louvem-se afeto o dorso iluminado
do tigre o granito
ao sol de enlaçado solstício de galáxia maior e do
mais o mais o menos poção ou lição de quem é
quem
e caiba in fine beletrista belmiro o laus canes rock
latindo john lennon pantera pautando punk
graças deo gratias não se ganham no grito

DÉCADE 7 EN RETOUR AUX PRÉCIEUSES RIDICULES

Fala língua de trapo...
De uma sátira carnavalesca

gente de seu jeito já não se usa mais sujeito
mastigou nobre snob arrogante
terrestre pedestre silogista silvestre mestre do
canhestro campestre fique certo
está fora de moda essa sandália de dedos à
mostra de frade mendicante
passe ao largo pô com seu lavor de laus deos
rupestres fray león do deserto
discurso cosmético apoplético metido a estético
saia logo de perto
silabou com desdém que o porsche importado o
atropela lírico delirante
o mundo hoje é cibernético viva o técnico às favas
o vocabulário hilário inexperto
arre cale seboso a sebenta babosa hipérbole
hipotética anuiu o coro circundante

não à só lâmina cabralina sacou da bainha ao
    impudor do peido pedante
sábia subreptícia subjacente armou-se mordaz da
    faca íntima de ponta entortada mas de
    corte em aberto
teorizem-se falastrões que o factual o formal o
    sempre igual é miopia redundante
tomem o binóculo bissetriz que bisca o desenco-
    brir ao longe o que supõem encoberto
lucidem-se da lucidez lúdica mas deglutam com
    vagar o resíduo recoberto
o transunto é indigesto costuma entupir o
    bestunto afeito afoito ao verniz do brilhante
se o paladar resistir palatalizem savez vous le
    français le pli de deleuze subverto
sequencial do apupado otário sedentário enfiem
    mais fundo no transbundo a serrilha cortante

mirem-se ao aço do fracasso aliviem-se na
vaselina o detrás do academus petulante
e mujam mugidos muares até perceberem
beberem os ares luares de um tablado
entreaberto
não pastem parem um pouco o capim do ermo
escutem sem escolta o hermético tom excitante
da carne que se fez verbo do vetado vilão que ao
sim disse não de peito descoberto
flauta doce de metal melífluo ao tímpano não
tapado de tapume indesperto
hipnotizem-se os hípicos ao descante ainda que
se espantem extravagante
toda cantaria é pedra aparada do terráqueo
sólida a um solo de música liberto
semicírculo de risco rigor do risível rosto rugoso
aspirante aos círculos de dante

e mais não baste bulhem esbulhem citem recitem
sem recibo legante
bananais são banais acheguem-se em achego
afago regaço não desperto
palavras são cerca de um chiqueiro às escâncaras
caras purguem-se ao purgante
in fine concubinem-se ambiguem-se ao umbigo
do cacho de bananas sabidas o rei não está nu
o estilete alerto

DÉCADE 7 EN RETOUR À NANTES

Quand nous étions à Nantes
la saison était très belle encore
Do primeiro exercício de francês

coração sôfrego e sofrido
insofreado sexo
óbvia obviação do vivido
imprevisível acaso do nexo
arresto sequestro do amplexo
ora pro nobis compungido
genitália em genuflexo
extrema unção do sentido

introjetado tido e havido
carne escarnecida reflexo
do espelhame partido
de crenças cricos e conexo
de atos falhos de falo falido
impenitente pênis perplexo
transamar é preciso ao mar o velame recolhido

inadimplente libido
bolsa em queda dólar inflexo
tóquio taiwan são paulo ou parecido
o frêmito da histeria em circunflexo
sorver em fantasia o licor do implexo
sábio lábio ressequido
corta luz na jogada do jogo desindexo
rearticular a artimanha de olhos boca nariz
ouvido

desinibir in fine o heptandro inibido
verticalizar a fibra óptica do convexo
ao terceiro milênio o sêmen senil de cupido
ora pois uai decano do desconexo

OBRAS DO AUTOR

1. Poesia

O Açude e Sonetos da Descoberta. Desenhos de Darcy Penteado. Belo Horizonte, Santelmo-Poesia, 1953.

Carta do Solo. Belo Horizonte, Tendência, 1961

Carta sobre la Usura. Tradução espanhola de Ángel Crespo. Madri, Revista de Cultura Brasileña, 1962.

Frases-Feitas. Belo Horizonte, Poesia 1, 1963.

Gertrude's Instante. Poema postal. Porto, Colecção Gémeos 7, 1969. Linóleo de Marco.

Código de Minas & Poesia Anterior. Rio de Janeiro, Editora Civilização Brasileira, 1969. Coleção Poesia Hoje, 17 - Série Poetas Brasileiros. *Código de Minas*. Nova edição em texto integral. Rio de Janeiro, Sette Letras, 1997.

Código Nacional de Trânsito. Belo Horizonte, Edições 1300, 1972. Capa de Myriam Ávila.

Cantaria Barroca. Rio de Janeiro/Belo Horizonte, 1975. Edição para subscritores. Programação gráfica de Sebastião Nunes, fotos de Maurício Andrés e capa reproduzindo trabalho do pedreiro Vado Ribeiro no adro da Capela do Morro de Sant'Ana em Ouro Preto.

Discurso da Difamação do Poeta. Lisboa, Revista Colóquio-Letras, nº 30, 1976.

Discurso da Difamação do Poeta. Antologia. São Paulo, Summus Editorial, 1978. Coleção Palavra Poética, 1.

Masturbações. Belo Horizonte, Edições 1300, 1980. Programação visual de Sebastião Nunes.

Barrocolagens. Belo Horizonte, separata de *Barroco* 11, 1981.

Delírio dos Cinquent'anos. Brasília, Edições Barbárie, 1984. Colagens de Evandro Salles.

O Belo e o Velho. Ilha de Santa Catarina, Editora Noa Noa, 1987. Criação gráfica de Cleber Teixeira.

O Visto e o Imaginado. São Paulo, Editora Perspectiva, 1990. Coleção Signos, 12. Estudo gráfico de Sérgio Luz de Souza Lima, desenhos de Maria do Carmo Secco e retrato do autor em pintura por Carlos Bracher.

A Lógica do Erro, incluindo *Décade 7 - Dez odes joco-sérias*. São Paulo, Editora Perspectiva, 2000. Coleção Signos, . Planejamento gráfico e criação artística de Sérgio Luz de Souza Lima, desenhos de Ângelo Marzano e foto do poeta por Paulo Ávila.

Estrada Real. Poesia Reunida (a sair).

2. Ensaio

Resíduos Seiscentistas em Minas. Com a edição crítica e fac-similar do *Triunfo Eucarístico* (Lisboa, 1734) e do *Áureo Trono Episcopal* (Lisboa, 1749). 2 volumes. Belo Horizonte, Centro de Estudos Mineiros da Universidade Federal de Minas Gerais, 1967.

O Poeta e a Consciência Crítica. Petrópolis, Editora Vozes, 1969. Coleção Nosso Tempo, 7; 2a. ed. revista e ampliada: São Paulo, Summus Editorial, 1978.

O Lúdico e as Projeções do Mundo Barroco. São Paulo, Editora Perspectiva, 1971. Coleção Debates, 35; 2a. ed. revista, 1980; 3a. ed. ampliada, atualizada e desdobrada em dois livros: I - *Uma Linguagem* a dos Cortes, *Uma Consciência* a dos Luces; II - *Áurea Idade da Áurea Terra*, 1994.

O Modernismo (Coordenação, organização e ensaio *Do Barroco ao Modernismo*: *O Desenvolvimento Cíclico do Projeto Literário Brasileiro*). São Paulo, Editora Perspectiva, 1975. Coleção Stylus, 1.

Festa Barroca: Ideologia e Estrutura. In *América Latina: Palavra, Literatura e Cultura*. Vol. 1. *A Situação Colonial*. Org. Ana Pizarro. São Paulo, Fundação Memorial da América Latina, 1993.

Barroco: Teoria e Análise (Introdução, coordenação e organização). São Paulo, Editora Perspectiva, 1997. Coleção Stylus, 10.

3. Pesquisa

Igrejas e Capelas de Sabará. Belo Horizonte, separata de *Barroco* 8, 1976. Fotografia de Maurício Andrés.

O Teatro em Minas Gerais: Séculos XVIII e XIX. Ouro Preto, Secretaria Municipal de Turismo e Cultura/Museu da Prata, 1978. Capa de Myriam Ávila.

Barroco Mineiro/Glossário de Arquitetura e Ornamentação. Em colaboração com os arquitetos João Marcos Machado Gontijo e Reinaldo Guedes Machado. Rio de Janeiro, Fundação João Pinheiro/Fundação Roberto Marinho, 1979; 2a. ed.: São Paulo, Cia. Editora Nacional, 1980; 3a ed.: Belo Horizonte, Fundação João Pinheiro/Centro de Estudos Históricos e Culturais - Coleção Mineiriana, 1996.

Iniciação ao Barroco Mineiro. Com a colaboração da historiadora Cristina Ávila. São Paulo, Nobel, 1984.

Minas Gerais/Monumentos Históricos e Artísticos - Circuito do Diamante (Coordenação e redação definitiva). Belo Horizonte, edição revista *Barroco* 16/Fundação João Pinheiro/Centro de Estudos Históricos e Culturais - Coleção Mineiriana. 1994.

Gregório e a Circularidade Cultural no Barroco. In *O Barroco e o Mundo Ibero Atlântico*. Coordenação de Maria da Graça M. Ventura. Lisboa, Edições Colibri, 1998.

O Estilo de Vida nas Minas Gerais do Século XVIII. Texto para o catálogo da Exposição *Brasil Barroco - Entre Céu e Terra*. Versão francesa. Paris, Union Latine, 1999.

4. Memórias de Ofício

1. *MINOR/Livro de Louvores*. Produção editorial: Eleonora Santa Rosa, arte e produção gráfica de Sérgio Luz de Souza Lima e desenho de capa de Myriam Ávila. Belo Horizonte, Rona Editora, 1996.

2. *CATAS DE ALUVIÃO/Do Pensar e do Ser em Minas*. Rio de Janeiro, Graphia Editorial, 2000.

5. Música e Vídeo - CD-Rom - Filme

Motetos à Feição de Lobo de Mesquita. Composição de Gilberto Mendes baseada em poema do *Código de Minas*. Gravação: Disco II Bienal de Música Contemporânea, Rio de Janeiro, 1977 - Partitura: São Paulo, Editora Novas Metas, 1983 - Em CD: The Spectra Ensemble. Filip Rathé, conductor. Belgium, Vox Temporis Productions, 1996.

Passos da Paixão. Composição de Willy Corrêa de Oliveira baseada em poema da *Cantaria Barroca*. Partitura: Rio de janeiro, Edição Funarte, 1982.

Rito e Expressão. Vídeo de Éder Santos. Roteiro de Cristina Ávila e Maria do Carmo Andrade Gomes. Baseado em poema da *Cantaria Barroca*. Belo Horizonte, 1988.

O Visto e o Imaginado. Vídeo de Dileny Campos e Vanessa Tamietti. Baseado no livro do mesmo título. Belo Horizonte, 1990.

Hum. Disco do grupo Nós & Voz, com música baseada no *Código Nacional de Trânsito*. Estúdio Bemol, 1991.

Memento Mori. Disco com composição de Harry Crowl baseada nas *Barrocolagens*. Rio de Janeiro, Sony Music, 1992.

Passagem de Mariana. Composição de Adhemar Campos Filho baseada em poema do *Código de Minas*. Em vídeo do Laboratório de Música Colonial Brasileira da Escola de Música da Universidade Federal de Minas Gerais. Produção Patrícia Moran e outros. Belo Horizonte, 1996.

CD-Rom: *Barroco Mineiro/Glossário de Arquitetura e Ornamentação*. Baseado no livro do mesmo título em colaboração com os arquitetos João Marcos Machado Gontijo e Reinaldo Guedes Machado. Introdução de Affonso Ávila. Coordenação editorial de Eleonora Santa Rosa, desenvolvimento e produção de Sérgio Luz de Souza Lima e Sérgio Augusto Mendes Ferreira, roteiro de imagens de Cristina Ávila. Belo Horizonte, Fundação João Pinheiro/Centro de Estudos Históricos e Culturais - Coleção Mineiriana/Obras de Referência, 1996. São Paulo, Compact Disc Data Storage. Belo Horizonte, PC/CD-ROM.

Gregório de Mattos. Filme, direção de Pola Ribeiro. Depoimento especial e leitura de *Barrocolagem* sobre a Bahia. Salvador, Liceu de Artes e Ofício da Bahia, 1998.

6. *Barroco*. Revista de Ensaio e Pesquisa

Barroco 1 a 17. Criação, direção e edição. Colaboração de especialistas brasileiros e estrangeiros. Belo Horizonte, 1969-1996.

COLEÇÃO SIGNOS

1. *Panaroma do Finnegans Wake*
   James Joyce (Augusto e Haroldo de Campos – Orgs.)
2. *Mallarmé*
   Augusto e Haroldo de Campos e Décio Pignatari
3. *Prosa do Observatório*
   Julio Cortázar (Trad. de Davi Arrigucci Júnior)
4. *Xadrez de Estrelas*
   Haroldo de Campos
5. *Ka*
   Velimir Khlébnikov (Trad. e Notas de Aurora F. Bernardini)
6. *Verso, Reverso, Controverso*
   Augusto de Campos
7. *Signantia Quasi Coelum: Signância Quase Céu*
   Haroldo de Campos
8. *Dostoiévski: Prosa Poesia*
   Boris Schnaiderman
9. *Deus e o Diabo no Fausto de Goethe*
   Haroldo de Campos
10. *Maiakóvski – Poemas*
    Boris Schnaiderman, Augusto e Haroldo de Campos
11. *Osso a Osso*
    Vasko Popa (Trad. e Notas de Aleksandar Jovanovic)
12. *O Visto e o Imaginado*
    Affonso Ávila

13. *Qohélet/o-que-sabe – Poema Sapiencial*
    Haroldo de Campos
14. *Rimbaud Livre*
    Augusto de Campos
15. *Nada Feito Nada*
    Frederico Barbosa
16. *Bere'shith – A Cena da Origem*
    Haroldo de Campos
17. *Despoesia*
    Augusto de Campos
18. *Primeiro Tempo*
    Régis Bonvicino
19. *Oriki Orixá*
    Antonio Risério
20. *Hopkins: A Beleza Difícil*
    Augusto de Campos
21. *Um Encenador de Si mesmo: Gerald Thomas*
    Silvia Fernandes e J. Guinsburg (Orgs.)
22. *Três Tragédias Gregas*
    Guilherme de Almeida e Trajano Vieira
23. *2 ou + Corpos no mesmo Espaço*
    Arnaldo Antunes
24. *Crisantempo*
    Haroldo de Campos
25. *Bissexto Sentido*
    Carlos Ávila
26. *Olho-de-Corvo*
    Yi Sán^g (Yun Jung Im – Org.)
27. *A Espreita*
    Sebastião Uchôa Leite
28. *A Poesia Árabe-Andaluza: Ibn Quzman de Córdova*
    Michel Sleiman
29. *Murilo Mendes: Ensaio Crítico, Antologia e Correspondência*
    Laís Corrêa de Araújo
30. *Coisas e Anjos de Rilke*
    Augusto de Campos
31. *Édipo Rei de Sófocles*
    Trajano Vieira
32. *A Lógica do Erro*
    Affonso Ávila
33. *Poesia Russa Moderna*
    Augusto e Haroldo de Campos
    e Boris Schnaiderman